Une graine en cadeau

Pour Fred et Aude,
Lola et Illan.

G. A.

Du même auteur

Accrocs
La Vie en verte
La piscine était vide
Le Complot des platanes
Un nuage dans le ventre
Le Reflet de Sam
ACTES SUD JUNIOR

Éditeur : François Martin
Directeur artistique : Guillaume Berga

ISBN 978-2-7427-8713-5

Loi 49-956 du 16 juillet 1949
sur les publications destinées à la jeunesse

GILLES ABIER

Une graine en cadeau

ILLUSTRÉ PAR
BENJAMIN ADAM

ACTES SUD JUNIOR

100

1

Le lapin en chocolat

Éléna regarde par le trou de la serrure. Mais elle ne voit rien.

Rien qui corresponde aux bruits qu'elle entend depuis le couloir. Des bruits effrayants de trucs qui se cassent, de choses qui se déchirent, de bidules qui se brisent. Comme si son grand frère était devenu fou et qu'il projetait ses jouets contre les murs, tordait ses livres, marchait sur sa lampe de chevet.

Même en fermant un œil, Éléna ne devine qu'un bout de fenêtre ouverte. Rien de plus.

À croire que son frère se cache sur le côté.

Au début, elle a pensé qu'Igor avait une crise de nerfs.

Ça lui arrive de temps en temps.

La dernière fois, c'était au supermarché quand sa mère ne voulait pas lui acheter les nouvelles céréales de la télé parce qu'elles coûtaient trop cher. Il s'est mis à hurler au milieu du rayon, en s'accrochant au chariot qu'il secouait violemment : « Maman, s'il te plaît ! S'il te plaît, maman ! » Il était tout rouge tellement il s'énervait.

Alors que là, Igor ne dit pas un mot. Il fracasse sans crier.

Et c'en est d'autant plus inquiétant.

La main sur la poignée, Éléna hésite.

Elle peut ouvrir la porte, si elle veut, Igor n'a pas la clef pour la fermer, ses parents l'ont confisquée. Elle n'a qu'à l'entrebâiller, jeter un coup d'œil à l'intérieur puis la refermer tout doucement. Sans se faire remarquer. Juste pour savoir ce qu'il fabrique.

Sauf que le panneau que son frère a accroché sur sa porte le lui interdit.

Panneau qu'il a confectionné lui-même en prenant bien soin ensuite de lui en donner la signification. Comme si, parce qu'elle avait sept ans, elle ne savait pas ce que voulait dire un rond rouge avec un rectangle blanc au milieu.

Sens interdit, évidemment.

« Oui, enfin, là, ça veut dire : chambre interdite ! C'est clair ?! » avait précisé son frère.

Trop curieuse pour rejoindre ses parents dans le jardin, Éléna frappe à la porte. Celle-ci s'ouvre aussitôt.

Igor apparaît, les yeux brillants, ébouriffé, hors d'haleine. Seule sa tête dépasse de l'embrasure de la porte.

Éléna penche le visage en avant et agrandit ses yeux bleus. Elle prend une voix douce. Ajoute même un sourire à sa question.

– Qu'est-ce que tu fais ?

– Rien !

Ça ne marche jamais avec son frère. Il est insensible à son charme.

– C'est pas vrai, j'entends plein de bruits.

– Tu me donnes quoi en échange, si je te réponds ?

Et voilà, ça recommence. C'est terrible mais avec Igor, faut toujours marchander. Éléna s'interroge. Est-ce qu'elle a vraiment envie de savoir ce qui se passe derrière cette porte ?

– J'ai plus rien. Tu m'as déjà pris mon gâteau du goûter tout à l'heure.

– Je ne te l'ai pas pris, tu me l'as donné pour pouvoir nourrir Gugusse.

C'est le poisson rouge d'Igor qui trône sur la commode de sa chambre. Éléna en voudrait un elle aussi mais elle est encore trop jeune, d'après ses parents, pour s'occuper d'un animal. Ils ne savent pas que c'est elle qui nourrit Gugusse pratiquement tous les jours.

– Tu n'as pas un nouveau lapin dans ta collection, depuis hier ?

Éléna dément d'un signe de tête. Il n'est pas question de toucher à sa collection de lapins. Elle en a de toutes les couleurs, de toutes les tailles, et surtout de toutes les sortes. En peluche, en pierre, en laine, en poster, en tirelire, sur un verre, sur ses chaussons, sur un cahier, et même sur une culotte.

Et pour la première fois, hier : en chocolat.

– Je l'ai vu dans le frigo. Il va bien falloir que tu le manges un jour.

– C'est important ce que tu fais dans ta chambre ?

– Très. D'ailleurs, à ce point-là, c'est la première fois…

Éléna est déçue. Très déçue.

Pour dire la vérité, elle se retient de pleurer.

Poupinou – c'est le nom qu'elle avait donné à son lapin en chocolat – n'a plus de tête. Celle-ci a fini dans l'estomac d'Igor qui, en contrepartie, lui a ouvert grand la porte de sa chambre.

Pour voir quoi ?

Une chambre toute propre. C'est tout.

Éléna a sacrifié son lapin parce qu'Igor a décidé un samedi après-midi de ranger tous les jouets dont il ne voulait plus dans des cartons qu'il a ensuite scotchés, avec l'intention de les entreposer à la cave. Et bien sûr comme tous les jouets sont à lui, il est hors de question d'en prêter un seul à sa sœur.

– Tu comprends, demain je vais avoir dix ans. Papa et maman ont invité plein de monde. Va y avoir toute la famille et Basile. J'ai calculé, ça va me faire au moins quinze cadeaux. Il me faut de la place.

Éléna écoute à peine ce que lui raconte son frère, elle suit le mouvement de ses lèvres qui s'attaquent maintenant aux pattes de Poupinou. Elle pense un moment à se venger en donnant du poivre à manger à Gugusse. Peut-être que ça éternue, un poisson ? Mais Éléna se raisonne bien vite. Le pauvre poisson rouge n'y est pour rien. Ce n'est pas de sa faute si Igor est méchant.

– Et toi, Léna, tu vas m'offrir quoi ?

Éléna réfléchit.

Avec sa mère, hier, elles ont choisi un très beau cerf-volant. En forme de dragon. Pour aller jouer sur la plage le week-end. Sa mère lui a dit que les cadeaux les plus réussis étaient souvent les cadeaux qu'on aimerait bien garder pour soi. Alors pourquoi se gêner. Puisqu'il lui plaît, elle n'a qu'à pas lui offrir.

– T'as rien prévu ? insiste son frère la bouche pleine.

– Si, si.

– C'est quoi ?

Éléna penche la tête en avant tout en élargissant ses yeux bleus.

– Tu es en train de le manger.

2

La bêtise de Basile

Igor a mal dormi. Dans sa tête, toute la nuit, il a fait des listes.

D'abord, la liste des cadeaux qu'il était sûr d'avoir. Soit parce qu'il avait tellement insisté que c'était impossible qu'on ne lui offre pas : « Tu sais, maman, un vélo me ferait trop plaisir. » Soit parce qu'il avait été le choisir lui-même : « Oui, mémé, c'est celui-là. »

Ensuite, la liste des cadeaux dont il avait une vague idée. Comme celui de son parrain

DER-MAN

qui lui avait demandé quelle console de jeux il possédait.

Il y avait aussi la liste des cadeaux mystères, dont faisait partie celui de Basile, son voisin et meilleur ami, pour lequel il n'avait obtenu aucun indice.

Et enfin, il y avait la liste « bonus » : celle des présents imprévus. Qu'est-ce qui empêchait ses trois cousins de lui offrir un cadeau chacun plutôt qu'un seul pour trois ? Sans parler des invités dont on lui avait peut-être caché la venue.

Dès six heures, Igor est debout.

À sept heures, il a dévalé une dizaine de fois l'escalier de la maison.

Et pas sur la pointe des pieds. Et jamais en évitant la marche qui grince.

Normalement le dimanche, lui et sa sœur petit-déjeunent seuls. Ensuite, il est convenu qu'ils laissent dormir leurs parents jusqu'à neuf heures. Mais pas ce matin. Ils doivent se lever. Sinon ils n'auront jamais le temps de tout préparer. Ni le fraisier, une spécialité de son père. Ni la jolie table sous la tonnelle, une idée de sa mère. Et surtout, il faut penser à un emplacement de choix pour poser tous les cadeaux.

À huit heures, n'y tenant plus et sachant que, un jour comme aujourd'hui, tout est presque permis, Igor allume sa radio et monte le son à fond.

Quatre heures plus tard, tout est prêt.

Les gâteaux à apéritif sont dans les coupelles. Les coupelles sont sur la table. Et la table est dans le jardin. Il y a un rôti dans le four, des bougies sur le dessert et des jus de fruits au frais. Tandis qu'Éléna résiste difficilement aux cacahuètes, Igor, nerveux, campe à la fenêtre de sa chambre, à l'affût des invités.

Paul, Jeanne, Louis et leurs parents sont les premiers à arriver.

Dès qu'il les aperçoit, Igor saute de joie. Il a eu un bon pressentiment. En plus du cadeau de son oncle et de sa tante, chacun de ses cousins lui a apporté quelque chose. Même Paul qui, pourtant, ne lui parle plus depuis l'histoire des papillons.

Igor, extatique, descend les accueillir dans l'entrée.

Les bras tendus, sans même les saluer, il se précipite sur leurs cadeaux. Mais très vite il déchante. Si le paquet de Paul est le plus gros – de quoi y mettre un four à micro-ondes –, il est bien trop léger pour contenir quoi que soit. Il n'y a rien dedans, c'est sûr. D'ailleurs le regard narquois de son cousin confirme ses soupçons. Celui-ci n'a pas oublié le coup des papillons. Bon, en comptant ceux de Jeanne et Louis, il en a quand même deux de plus que prévu. Trop cool !

Éléna, la bouche pleine de cacahuètes, a rejoint son frère dans l'entrée. Elle a la tâche, très importante, d'aller déposer les cadeaux sur la table de ping-pong qui a été dépliée à cet effet dans la remise. C'est là, tout à l'heure, qu'Igor officiera. En attendant, l'accès lui est interdit. Même y jeter un coup d'œil lui a été refusé. Sa mère a été très claire.

Et Igor adore. Il adore qu'on ait des cadeaux à lui cacher.

Basile, qui guettait son ami du jardin, est le deuxième à se présenter.

Pas peu fier de sa tenue.

– Il est super ton tee-shirt ! Il est nouveau ?

Basile, heureux, éclate de rire. Oui, il est nouveau. Et c'est lui qui se l'est acheté tout seul, avec son argent de poche. Il économisait depuis un an sans en parler à personne. Il a attendu d'être sûr que la saison prochaine Romelho ne changeait pas de club pour se l'offrir.

– C'est son maillot ?

Basile hoche la tête, puis tourne le dos.

– C'est son numéro.

Igor n'en revient pas. Voilà une idée géniale ! Pourquoi n'a-t-il pas pensé à demander ça à tante Lisa à la place des livres qu'elle lui donne chaque année ?

– Tu voudrais pas me l'offrir pour mon anniversaire ?

Basile sursaute.

– Quoi ?

Igor dévoile un sourire qui ne rassure pas son copain. Il a une proposition à lui faire.

Une proposition que Basile, malheureusement, n'est pas en mesure de refuser. Le problème quand on est « meilleur ami », c'est qu'on se dit tout. Même les bêtises. Comme celle de la semaine passée quand Basile, désirant récupérer le jeu de fléchettes perché sur une étagère du garage, a déplacé un carton qui, en basculant, a renversé la planche où étaient empilés les pots de confitures de sa mère, qui se sont écrasés sur le pare-brise de la voiture, en l'explosant.

Pas vu, pas pris, Basile a laissé accuser le chat.

– Je ne dis rien. Mais en échange tu me refiles ton tee-shirt. Et je garde quand même ton cadeau qui est déjà emballé. D'accord ?

"HIS MASTER'S VOICE"

3

Sur la table de ping-pong

– Ça y est, maman. Tout le monde est là !

Igor, arborant le tee-shirt de Basile, s'impatiente. Plus on retarde le déjeuner et plus tard il ouvrira ses cadeaux. Il ne va jamais tenir jusque-là.

– J'apporte le taboulé, si tu veux.

Sa mère sourit à l'enthousiasme de son fils. Cet enthousiasme qui ne se manifeste que deux fois par an. Aujourd'hui et le jour de Noël.

De la cuisine, elle contemple émue cette famille rarement réunie. Il y a son unique frère, sa femme et leurs trois enfants. Lisa, la sœur de son mari, qui est venue seule, sans son amie, ni les deux filles de celle-ci. À la grande déception d'Igor, qui a dû modifier un peu ses listes. Déception qui s'est accrue quand il a appris que son oncle paternel était en instance de divorce et que sa tante, du coup, serait absente. Sa tante qui s'occupe d'une super boutique de matériel de sport et qui lui en offre même quand ce n'est pas son anniversaire. Elle a tenu malgré tout à lui faire un cadeau. Mais pour l'avenir, c'est compromis. Heureusement son parrain, le meilleur ami de sa mère, a une nouvelle copine qui, pour sa première apparition, a voulu faire bonne impression ; aussi est-elle venue avec un cadeau. Un petit, mais un lourd.

Évidemment, il y a aussi son pépé et sa mémé, les parents de son père.

La mère d'Igor tend le saladier de taboulé à

son fils. Mais avant de lui donner, elle a une surprise à lui annoncer.

– Tu sais quoi ? Tout à l'heure. Peut-être, au dessert. Sûr, à l'ouverture de tes cadeaux. Il y aura un nouvel invité !

– Qui ?

– Ton papi !

Igor ne peut s'empêcher de grimacer en attrapant le saladier de taboulé. Cette information ne l'enchante pas particulièrement. S'il n'a aucun souvenir de sa mamie, qui est morte quand il était tout petit, il se rappelle très bien son papi qu'il n'a pourtant rencontré que quatre ou cinq fois. Pas plus. Mais chaque fois, ça s'est mal passé.

À sa dernière visite chez lui, il y a deux ans, dans sa cahute perdue dans la montagne, son papi l'a obligé à manger des légumes du jardin, des fruits du verger, des animaux de son enclos, rien du supermarché.

Alors son cadeau, il ne va pas être bien beau.

Au moment de souffler les bougies, tout le monde se regroupe autour d'Igor.

Tout le monde, sauf Basile, qui fait la tête à son ex-meilleur ami.

– Un, deux, trois…

Igor gonfle ses poumons, jette un coup d'œil aux appareils photo qui pointent dans sa direction, puis souffle, d'un coup, ses dix bougies.

Les parts du fraisier sont à peine réparties sur les assiettes à dessert qu'il engage l'assemblée à le suivre à la remise.

– Vous mangerez sur place !

Igor est fébrile, excité. Il n'en peut plus d'attendre.

Éléna l'observe du coin de l'œil. Un air perplexe, presque inquiet, dans le regard.

Personne n'a remarqué qu'elle a disparu dix bonnes minutes au moment d'aller déposer le dernier cadeau.

La mère d'Igor, elle, consulte sa montre.

Elle ne comprend pas, son père devrait être là. Il l'a appelée ce matin pour l'avertir qu'il avait pris la route. Si ça se trouve, sa vieille Estafette, dont il ne veut absolument pas se séparer, l'a lâché en pleine campagne.

La mère d'Igor n'a pas le temps de s'inquiéter qu'un cri puissant, le cri d'Igor, la saisit d'effroi. Son fils s'est arrêté net sur le seuil de la porte de la remise. Il est figé. Le regard horrifié, braqué sur la table de ping-pong.

Une table vide. Complètement vide.

Avec plus rien dessus. Plus aucun cadeau.

– Bonjour, mon garçon.

Igor recule, stupéfait.

Assis dans un coin, le menton posé sur ses deux mains appuyées sur sa canne : son papi.

L'homme est trapu. Longuement moustachu. Ce qui réjouit Éléna qui adore l'embrasser : « Parce que ça chatouille. »

Toujours en salopette bleue, le béret vissé sur la tête et l'opinel dans la poche, il a des petits yeux noirs sous des sourcils broussailleux, d'une vivacité étonnante pour son âge.

Igor ne sait pas comment réagir.

Il avait tout envisagé, sauf ça.

– Hé ! bonjour, vous autres !

La voix de son grand-père est rocailleuse : résultat d'années de cigarettes aux filtres coupés avant d'être fumées ; et naturellement autoritaire : on attend toujours d'être sûr qu'il ait fini de parler avant de prendre la parole.

– Pour les rares personnes qui ne me connaissent pas, je me présente : Hector Vignelet, grand-père d'Igor. Et maintenant si vous voulez bien tous m'écouter… Toi, jeune homme, merci de patienter avant de t'empiffrer.

Basile, qui était pourtant caché derrière la tante Lisa, pose confus son assiette sur la table de ping-pong. Les joues rouges, gonflées de la dernière bouchée du fraisier qu'il vient d'enfourner, il n'ose plus avaler.

– Comme vous pouvez le constater, il n'y a plus de cadeaux. J'ai pris sur moi de tous les ranger dans ma camionnette. Éléna, ma charmante petite-fille, m'a gentiment aidé, en échange de six baisers.

– Mais…

Igor n'a pas le temps d'en dire plus. Le regard de son papi est si direct et menaçant qu'il se tait aussitôt.

– Je ne compte pas te les garder éternellement. Je les embarque pour une durée qui ne dépend que de toi. En échange, je t'offre ça.

Hector Vignelet sort de sa poche une vieille boîte d'allumettes usagée qu'il tend à son petit-fils. Igor ne bouge pas. Il est partagé. Son instinct est de refuser ce cadeau pourri. Mais d'un autre côté, rien n'empêche son grand-père d'avoir glissé une pièce d'or dans cette boîte. Une pièce qui vaudrait beaucoup plus que tous les cadeaux réunis.

La curiosité l'emporte.

– Une graine ! C'est juste une graine !!!

Et puis bien moche en plus. À moitié desséchée. D'un marron sale. Pas plus grande qu'une noisette.

– Oui, mon garçon, mais si tu la plantes et que tu en prends soin, elle donnera des feuilles, une fleur et puis un fruit. Et alors, seulement, en échange de ce fruit, je te rendrai tes cadeaux.

4

L'observation des papillons

– C'est n'importe quoi !

Igor fulmine dans sa chambre.

Il est hors de question qu'il passe l'après-midi avec cette bande d'adultes abrutis. Personne, personne n'a réagi au discours débile de son grand-père. Ils ont tous accepté sa proposition. Trouvant même que c'était une excellente idée qu'Igor se mette au jardinage.

– Tu parles, ils avaient peur du vieux !

Sans parler des cousins qui ricanaient dans leur coin.

De quel droit son papi peut-il lui voler tous ses cadeaux ?

On n'a jamais vu ça.

Igor a eu beau râler, argumenter, exiger, menacer ; rien n'y a fait.

Même sa crise de nerfs n'a pas marché. Peu importe qu'il se roule sous la table de ping-pong, toussant, crachant, suffoquant. Tout ce que son grand-père a trouvé à faire, c'est évacuer les invités de la remise, s'allumer une cigarette et lui déclarer d'un ton ferme :

– Voyons, mon garçon, tu m'as déjà vu égorger un cochon. Tu as entendu comment ça hurle. Est-ce que ça a ralenti mon geste ? Non. Je l'ai quand même saigné.

En moins d'une seconde, Igor était debout, calmé mais pas découragé.

Imitant sa sœur – le front baissé, les yeux grands ouverts –, il a souri d'une voix douce.

– Je ne peux pas les déballer au moins, pour savoir ce qu'ils contiennent ?

Pour toute réponse, son grand-père a écrasé sa cigarette sur le sol, il a sorti son couteau, détendu la lame… et s'en est servi de miroir pour arranger sa moustache.

C'est foutu. Son anniversaire est foutu.

– Igor, descends au salon, s'il te plaît, ton papi nous quitte déjà.

Qu'il aille se faire voir ! Igor ne lui dira pas au revoir. Ni à lui, ni aux autres.

Quant à Paul, s'il pouvait lui vider l'eau de Gugusse sur la tête, il ne se retiendrait pas. C'est lui qui a rigolé le plus fort devant tout le monde. Sans se gêner. Ça l'a ravi que son cousin soit privé de cadeaux. Il se vengeait enfin du coup des papillons.

Mais quelle idée aussi de les compter !

Paul, treize ans, est fou de nature. Alors, un jour, il s'est inscrit sur le site internet d'une association qui œuvre, entre autres, à la sauvegarde des papillons. Tout le monde peut y participer. Il suffit de récupérer une feuille répertoriant les espèces les plus courantes sur laquelle, du printemps à l'automne, on note pour chacune le nombre de papillons qu'on voit dans son jardin. Ensuite, à la fin de chaque mois, on saisit sur le site les chiffres les plus importants, et on aide ainsi les scientifiques du Muséum national d'histoire naturelle à comprendre l'évolution de leurs populations. Sauf si, entre-temps, un cousin nommé Igor, à qui on a interdit l'usage de son VTT pour cause de pneu dégonflé, s'amuse à écrire plein de chiffres faux sur la fiche, sabotant ainsi un mois d'observation quotidienne.

Alors, oui, si on est Paul, on rit à la déconvenue de son cousin. On rit et on insiste :

« Il était trop bien le cadeau que mes parents t'offraient… »

Jusqu'au dernier moment, Igor a cru à un possible renversement de situation.

Il ne parvenait pas à admettre que ses parents allaient réellement laisser agir le vieux. C'était forcément une plaisanterie, une plaisanterie diabolique, mais il était prêt à en rire une fois ses cadeaux rangés dans sa chambre.

Aussi, quand il entend le moteur de la camionnette pétarader, Igor est pris d'une rage immense.

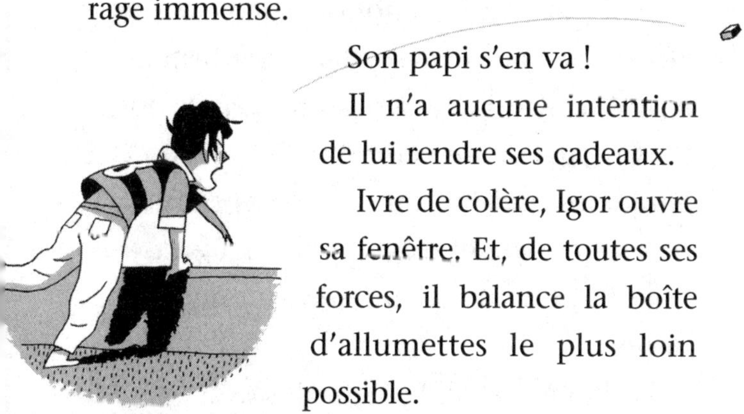

Son papi s'en va !

Il n'a aucune intention de lui rendre ses cadeaux.

Ivre de colère, Igor ouvre sa fenêtre. Et, de toutes ses forces, il balance la boîte d'allumettes le plus loin possible.

La nuit est tombée. Igor s'est couché sans manger. Il n'avait pas faim.

Et maintenant il n'a pas envie de dormir.

Il doit se calmer. Se calmer et réfléchir.

Comment faire pour récupérer ses cadeaux ?

Cambrioler son papi est hors de question. Il habite trop loin.

Simuler une prise d'otage et réclamer ses cadeaux comme rançon est une excellente idée. Sauf que son papi serait du genre à le laisser aux mains de ses ravisseurs.

Igor pourrait le dénoncer à la police mais alors ses cadeaux seraient confisqués le temps de l'enquête et du procès. Pas cool !

À moins de lui écrire une lettre d'amour. Du genre : « Tu es un papi exceptionnel, je suis si heureux de t'avoir dans ma vie... »

Enfin, le connaissant, le vieux ne sera pas dupe.

Non, en réalité, Igor n'a pas le choix, il le

sait bien, s'il veut revoir ses cadeaux, il doit planter cette maudite graine.

À quatre pattes dans le jardin, une lampe de poche dans la main, Igor fouille l'herbe autour du portail depuis plus d'une heure.

Son estomac gargouille dans la nuit.

La boîte d'allumettes ne doit pas être bien loin. Il l'a vue rebondir sur le muret et tomber près du rosier. La tête entre deux branches, il détaille la terre.

– C'est ça que tu cherches ?

Igor pousse un cri. Non pas parce qu'il a eu peur, il sursaute toujours en silence, mais parce qu'en sursautant, il s'est accroché aux épines du rosier.

Éléna est debout derrière lui, la main tendue.

– Si c'est ta graine que tu cherches, la voilà !

Igor se relève précipitamment. Éléna recule, cachant la graine derrière son dos. Son frère s'avance vers elle, l'éclairant de sa torche.

– Donne-la-moi !

Elle lève un bras.

– Si tu t'approches, je la balance.

– Qu'est-ce que tu veux ?

– J'ai un message pour toi, de la part de papi.

Igor s'immobilise.

– Avant de planter ta graine, tu dois la mettre dans un verre d'eau pendant deux jours.

– C'est ça le message ?

– Oui. Mais il a dit aussi que si jamais c'est moi qui m'en occupais, c'est moi qui aurais tes cadeaux.

Igor grimace. C'était son plan : solliciter sa sœur pour prendre soin de sa graine. Elle adore ça : dès qu'elle peut, elle plante des lentilles, des pépins de citron ou des noyaux de cerises dans la terre du gros pot qui contient le papyrus. Le plus drôle c'est quand ça pousse et que leur mère, étonnée, se demande de quoi il s'agit.

Igor hausse les épaules.

– Il n'est pas obligé de le savoir ?

FCB
BARCELONA

5

Les orties de Lili

Rien ! Rien de rien !!! Pas l'ombre du début d'un bout de feuille.

Igor a planté sa graine depuis un mois et aucune pousse n'est encore sortie de terre. De toute façon elle avait une sale tête, cette graine. Toute desséchée.

D'après son père, ça ne veut rien dire. Il existe des graines dans le désert qui, pour germer, peuvent attendre la pluie pendant plus de trois ans. Une nuit suffit. Et, en quelques jours, le sable est recouvert d'un tapis de fleurs.

– Alors ne t'inquiète pas. Il y a même des Chinois qui ont réussi à faire germer une graine de lotus vieille de mille deux cents ans. Tu te rends compte comme c'est incroyable !

Igor hoche la tête sans desserrer les lèvres.

Les informations que lui fournit son père sont intéressantes, mais inutiles. Il a besoin de conseils de jardinage. Pas d'anecdotes sur des semences spéciales. Et la meilleure personne pour lui en donner, c'est sa mère. Sauf qu'elle refuse d'aborder le sujet.

Elle ne veut plus entendre parler de cette histoire.

C'est de la faute d'Igor.

Après avoir fait tremper sa graine, il avait besoin d'un pot de fleurs pour la planter. Et il a pris ce qu'il a trouvé. En l'occurrence celui dans lequel un pauvre cactus rachitique végétait.

Comment pouvait-il se douter que sa mère adorait ce truc piquant ? Qu'elle l'avait depuis des années et qu'elle le chouchoutait en le baignant tous les mois ?

« Qu'est-ce que tu en as fait ? »

Il l'avait jeté au fond du jardin. Dans le compost. Puis l'avait recouvert d'épluchures de patates. Et d'un bon coup de pelle.

« Donc tu avais conscience que ta conduite n'était pas appropriée puisque tu essayais de le cacher ? »

Igor n'était pas d'accord. S'il avait dissimulé le cactus, c'était par réflexe. Il n'imaginait pas un seul instant que son action était répréhensible.

« Et c'est bien ça le problème. J'aimerais tant que tu fasses un peu plus attention aux autres. »

Heureusement, sa mère n'avait pas remarqué que la terre provenait de son papyrus. Igor avait judicieusement raclé la surface du pot pour l'égaliser, après y avoir creusé. Elle devait s'imaginer qu'il avait été la prendre dans le jardin.

– Ah, au fait, une jeune fille nommée Lili est en bas. C'était pour ça que j'étais monté te voir.

– Merci, papa. Dis-lui que j'arrive.

Cet après-midi, à la sortie de la classe, Igor a questionné sa maîtresse sur la meilleure façon d'aider une graine à pousser. Et Lili avait dû l'entendre car elle l'a abordé après les grilles de l'école : « Moi, je peux t'aider, si tu veux. »

Elle l'a fait sursauter. Igor ne l'avait pas vue arriver sur le côté. Il pestait contre la maîtresse qui lui avait formulé les recommandations classiques qu'il appliquait déjà : un peu de chaleur, beaucoup de lumière et constamment de l'eau ; quand elle a surgi devant lui.

Il n'a pas réagi tout de suite.

Lili est une fille dont il se méfie. Elle donne l'impression de l'observer tout le temps. À n'importe quel moment de la journée, chaque fois qu'il tourne la tête dans sa direction, il tombe sur son regard posé sur lui. Elle ne lui dit jamais rien, juste elle lui sourit. À croire qu'elle est un peu folle.

D'après elle, son père avait un très bon produit pour les plantes, qu'il fabriquait lui-même : « Quelques gouttes suffisent. Si tu veux, je t'en apporte chez toi, tout à l'heure. »

Igor se détaille dans la glace de son armoire.

Après s'être léché les doigts, il arrange son épi qui rebique.

C'est la première fois que Lili vient chez lui. Il a oublié de lui donner son adresse, et pourtant elle est là. Dans sa cuisine. En compagnie d'Éléna qui ne manque jamais une occasion d'espionner son frère. Comment a-t-elle fait pour savoir où il habite ?

Lili a changé de robe. Même sa coiffure est différente.

En la découvrant debout, à déguster un jus de citron pressé que lui a préparé sa mère, Igor la trouve jolie. Mais ce n'est pas pour autant qu'il lui dit bonjour.

– Alors, tu l'as ?

Tandis que Lili rougit, Éléna pointe une petite bouteille de plastique, remplie d'un liquide trouble et verdâtre, posée au centre de la table.

À peine après l'avoir débouchée, Igor pousse un cri de dégoût à l'odeur infecte qui se libère.

– Putain, ça pue !

– Igor, s'il te plaît !

– Excuse-moi, maman, mais tu sens pas comme ça sent mauvais.

Lili est trop émue pour s'expliquer. Elle voit bien que ce garçon n'est pas très sympathique, mais c'est plus fort qu'elle : elle le trouve séduisant et ses yeux lui remuent l'estomac. C'est simple : elle est amoureuse. Au point de le suivre, parfois, jusque chez lui.

– C'est du purin d'orties, chéri.

– Quoi ?

Sa mère, qui avait décidé d'ignorer tout ce qui avait un rapport avec la graine, décide de venir en aide à la jeune fille à qui Igor, surpris, vient de lancer un regard dégoûté.

– Il n'y a rien de mieux pour un jardin. C'est naturel, facile à faire et gratuit. Suivant comment tu le dilues, c'est un insecticide ou un engrais. Alors, oui, son odeur est nauséabonde, mais son action est extrêmement efficace. Encore que pour une graine, je n'en suis pas certaine. Mais dès que celle-ci aura germé, tu as en ta possession un produit miracle. Tu peux remercier ton amie.

Igor salue Lili d'un signe de tête puis retourne sans un mot dans sa chambre.

Il est très vite rejoint par sa sœur. Qui entre sans frapper.

– T'as pas vu le panneau ! Faut que je te rappelle ce que ça veut dire ?!

Elle ignore son ton acerbe.

– Tu sais, Igor, si ça se trouve, ta graine, elle pousse pas parce que t'es méchant !

6

Drôle de coïncidence

N'importe quoi ! Qu'est-ce qu'elle peut balancer comme idioties, sa sœur !

Le problème, c'est qu'Igor n'arrive pas à s'ôter sa remarque de la tête. Depuis une semaine, il ne pense qu'à ça. Il aurait aimé pouvoir en discuter avec Basile mais chaque fois qu'il se rend chez lui, c'est son grand frère qui ouvre la porte. Son « meilleur ami » est, paraît-il, trop occupé pour venir lui-même. Il n'a plus le temps de jouer avec lui non plus d'ailleurs.

17

Basile boude. Le plus simple serait de lui rendre son tee-shirt, mais Igor est persuadé que dans quelques semaines leur amitié aura repris son cours normal. Alors, autant le garder.

Finalement, il s'est décidé à appeler son parrain.

– Ça me semble un peu exagéré comme cause à effet.

Igor s'en doutait.

– Et en même temps, j'ai entendu dire que certaines plantes étaient sensibles à la musique classique. Un coup de Mozart, et ça repart ! Une histoire d'ondes apparemment qui accéléreraient leur croissance. Pourquoi ne pas imaginer l'effet inverse ? Des ondes négatives qui bloqueraient toute germination.

Non, Igor n'y croit pas, ce n'est pas possible.

Si c'était vrai, le jardin de M. Ducos, leur voisin d'en face, serait à l'abandon. Tout le monde sait qu'il a tenté d'écraser le chat de

Basile l'année dernière, après s'être plaint de ses miaulements intempestifs la nuit. Léna l'a même vu crever un ballon qui avait atterri chez lui. Au lieu de ça, son potager regorge de légumes, il a des fleurs pratiquement toute l'année et les branches de son cerisier croulent sous les fruits.

Non, ça n'a rien à voir avec le caractère.

Si sa graine ne pousse pas, c'est qu'il est encore trop tôt. C'est tout !

Igor remercie son parrain et raccroche.

Et d'abord, qui a dit qu'il était méchant ?

Le lendemain, deux événements se produisent. Deux événements qui d'apparence n'ont rien à voir l'un avec l'autre, mais qui vont perturber, par leur étonnante coïncidence, la fragile certitude d'Igor.

Le premier intervient après la classe, alors qu'Igor est sur le chemin du retour et que Lili marche derrière lui. Lili, qui ne lui a pas jeté un seul coup d'œil de la journée : le comportement du garçon la veille l'a momentanément refroidie.

Et pourtant qu'est-ce qu'il est beau ! se dit-elle.

Au moment de traverser la rue après laquelle leurs chemins se séparent, Igor, comme d'autres camarades, s'arrête. Mais Lili, qui avance tête baissée, absorbée par son dilemme amoureux, s'engage sur le passage piéton alors que le feu est au vert et qu'une voiture arrive à vive allure. Sans réfléchir, Igor se jette sur elle. Tous les deux atterrissent sur le bord du trottoir tandis que le chauffeur effrayé klaxonne en se déportant.

Lili n'a rien. Même pas un bleu.

Seul Igor a le genou égratigné. Mais il s'en moque. Son cœur bat la chamade, son corps est saisi de frissons. Jamais il ne s'est senti aussi bien. Un attroupement d'écoliers surexcités se forme autour d'eux. Chacun raconte vivement à son voisin la scène à laquelle il vient d'assister. Si leurs versions divergent légèrement, tous s'accordent à dire qu'Igor a sauvé la vie de Lili.

La jeune fille est aux anges.

Elle n'a pas eu le temps d'avoir peur de se faire écraser.

Tout ce dont elle se souvient, c'est s'être retrouvée dans les bras d'Igor.

Igor, qui a risqué sa vie pour elle.

Le second événement se concrétise quelques minutes plus tard.

Dans la chambre d'Igor.

Chaque fin d'après-midi, de retour de l'école, ce dernier monte dans sa chambre ausculter la terre de son pot, avant de l'arroser en puisant un peu d'eau dans l'aquarium de Gugusse.

Mais pas aujourd'hui. Aujourd'hui, Igor lâche un cri. Un cri de joie.

– Elle a poussé ! Elle a poussé !!! Maman, elle a poussé !!!

En effet, deux minuscules feuilles, plus jaunes que vertes, ont surgi au bout d'une tige. Le tout ne mesure pas plus de cinq millimètres de haut pour huit de large. Mais c'est un début. Le début d'une plante qui va donner des feuilles, une fleur, un fruit.

– Et avec ce fruit, mes cadeaux !!!

Sauf que quinze jours plus tard, la situation est identique. Aucune montée de la tige. Pas de développement des feuilles.

Sa plante n'a pas bougé.

Igor ne comprend pas. Même sa mère trouve étonnant qu'une pousse soit sortie de terre pour ne pas ensuite s'épanouir.

Igor a une explication éventuelle en tête, mais il n'aime pas l'envisager.

Très vite, il a fait le rapprochement entre l'incident impliquant Lili et la croissance soudaine de sa graine.

Et si celle-ci avait poussé parce qu'il s'était bien comporté ?

Ce serait incroyable. À la limite du fantastique.

Mais comment expliquer autrement que sa plante n'évolue pas du tout ?

Igor est partagé. S'il veut revoir ses cadeaux, il va bien falloir qu'il vérifie cette hypothèse un peu folle. Au point où il en est !

– Igor, est-ce que tu peux fermer le portail derrière ton père, il sort faire des courses, merci !

En voilà une occasion. Et s'il l'accompagnait ?

Deux heures plus tard, Igor est de retour avec un cadeau.

Un cadeau pour sa mère. Un cadeau qu'il a payé lui-même avec son argent de poche.

Il a acheté un cactus dans le hall du centre commercial. Il y avait un stand, installé pour la journée, qui proposait toutes sortes de plantes. C'est quand il a vu les cactus qu'Igor a su, qu'il a tout de suite su, que c'était ça qu'il devait faire.

– Tiens, maman, c'est pour toi.

À la vue du mini-cactus, pas plus haut qu'un pot de yaourt, sa mère a les larmes aux yeux.

C'est la première fois que son fils lui offre autre chose que ce qu'il fabrique en classe. Igor ne lui laisse pas le temps de l'embrasser, il détale à l'étage.

Et à peine arrivé dans sa chambre, il hurle.

Il hurle de bonheur !

7

Le cambriolage

Cinq centimètres ! Sa plante a pris cinq centimètres en deux heures.

La tige a épaissi. Les deux feuilles se sont élargies tout en verdissant sur les bords. Incroyable !

Igor est heureux. Heureux parce que sa plante pousse. Et plus elle pousse, plus le moment où il récupérera ses cadeaux approche.

Mais il est aussi mal à l'aise. Il n'apprécie pas cette idée bizarre que sa plante puisse réagir à ses actions. C'est un sentiment désagréable. Complètement fou. Qui ne peut pas être vrai. C'est forcément une nouvelle coïncidence.

Igor se donne trois jours de réflexion.

Trois jours pendant lesquels il mesure sa plante matin et soir.

Sans résultat.

Elle s'est encore arrêtée de grandir.

Ça n'a pas de sens.

Au quatrième jour, Igor, désespéré, est prêt à un deuxième essai.

Il va rendre son tee-shirt à Basile.

Et si ensuite, sa plante a poussé, alors il faudra accepter qu'elle est magique. Même si ça paraît totalement invraisemblable.

Après s'être assuré de la fenêtre de sa chambre que Basile est revenu de son cours de musique, Igor déboule chez lui.

– Désolé, il fait ses devoirs, il peut pas te recevoir.

– Écoute, c'est important, j'ai un cadeau pour lui.

Devant le visage implorant d'Igor, le grand frère de Basile accepte de le laisser entrer. Puis retourne s'affaler dans le canapé d'où, aux commandes de sa manette de jeu, il redevient une pulpeuse guerrière virtuelle nommée Lara.

Quand Basile, assis à son bureau, aperçoit Igor sur le seuil de la porte de sa chambre, il ne sursaute pas, il ne sourit pas et ne le salue pas non plus. À peine lui jette-t-il un coup d'œil, avant de poursuivre la lecture de son magazine de foot. Intimidé, Igor s'avance vers le lit sur lequel il dépose le tee-shirt de Romelho. Tout propre et bien plié. Et sans attendre un remerciement, qui de toute façon ne se serait pas manifesté, il rapplique chez lui.

Chez lui, où sa plante est restée la même.

Au millimètre près.

Igor a bien agi et elle n'a pas grandi.

Il commence à en avoir ras la casquette de toute cette histoire. Pourquoi son grand-père ne lui a pas refilé une graine normale ? Qui pousse quand on l'arrose ! C'est ridicule tout ce temps qu'il consacre à cette foutue plante.

Éléna toussote sur le pas de la porte de sa chambre.

– Qu'est-ce qu'il y a encore ? Tu veux nourrir Gugusse ?

– Faut que ça vienne de ton cœur, pas de ta tête !

– Quoi ? Qu'est-ce que tu dis ?

– Tu m'as bien entendue.

– C'est papi qui t'as raconté ça ?

– Peut-être…

Encore une nuit où Igor se retourne dans son lit.

À analyser tous les événements de la journée.

Faut que ça vienne de son cœur, pas de sa tête ! Quel baratin !

Et d'où elle sort ça, la frangine ?

Sûr que le papi lui souffle ses répliques ! Il doit téléphoner quand Igor n'est pas là. Certainement pour l'espionner. Évidemment pour se moquer.

En même temps, c'est vrai qu'Igor avait envie de le garder ce tee-shirt. Son geste n'était pas sincère. S'il avait pu faire autrement, il ne l'aurait jamais rendu à Basile. C'était peut-être ça la différence avec l'incident de Lili et le cactus de sa mère. Il n'en avait éprouvé aucune joie.

Soudain, une idée lui traverse l'esprit.

Une idée trop géniale qui le laisse pantois.

Il doit récupérer le tee-shirt de Romelho. Tout de suite.

Et impossible de le redemander à Basile, il refusera. Non. Il va falloir le voler.

Igor quitte son lit, se rhabille et, en moins de dix minutes, il est posté au pied d'une échelle qu'il a placée sous la fenêtre entrouverte de son ami.

Jusque-là, tout va bien. La rue est déserte et la lune éclaire la façade de la maison. D'en bas, Igor perçoit les ronflements de Basile.

Grimper jusqu'à la fenêtre de sa chambre est facile. Pousser un des battants sans qu'il cogne contre le mur n'est pas un problème. Passer par-dessus le rebord, sans faire couiner le plancher en atterrissant est moins difficile que prévu. Là où ça coince, c'est qu'Igor a oublié sa lampe de poche. Contrôlant sa respiration, saccadée par l'effort et l'angoisse de la situation, il habitue peu à peu ses yeux à l'éclairage lunaire.

– Merde ! lance-t-il alors malgré lui en mettant vite la main devant sa bouche.

À son cri, Basile change de position dans son lit. Étirant un bras, il repousse la couverture et dévoile entièrement ce qu'Igor venait d'apercevoir : le tee-shirt de Romelho lui sert de haut de pyjama !

Même si son plan est compromis, Igor n'a aucune intention de rentrer chez lui bredouille. Alors qu'il envisage de déshabiller lui-même son ami, risquant le tout pour le tout, Igor remarque le verre d'eau posé sur la table de chevet. Dévoilant un sourire machiavélique, il enfile le masque de Dark Vador de sa sœur qu'il a apporté avec lui, puis s'approche lentement du lit.

Tout va alors très vite.

D'un geste rapide, il renverse le verre d'eau sur le tee-shirt de son ami avant de se précipiter derrière l'armoire. Basile se réveille en sursaut. Les yeux pleins de sommeil, il grommelle en se découvrant tout trempé. À moitié endormi, il ôte son tee-shirt qu'il balance au pied de son lit, replace le verre vide sur sa table de chevet et se rendort en quelques minutes.

Igor est presque déçu que son plan ait marché aussi bien.

Il aurait trop aimé voir le visage de Basile découvrant Dark Vador escaladant sa fenêtre.

De retour dans sa chambre, Igor se décontracte.

La première partie de sa mission a parfaitement réussi.

Si tout va bien, Basile ne dira rien. Il lui a laissé un mot sur son bureau : « T'inquiète pas, tu le reverras. »

– C'est pas possible !

Igor n'en revient pas. Sa plante a perdu une feuille. Il risque sa vie pour la faire pousser et elle, elle dépérit.

– Tu n'as rien compris, lui dit-il. Je vais lui rendre son tee-shirt. En mieux !

8

Un autographe puis une visite

Basile a les larmes aux yeux.

C'est le plus beau jour de sa vie. Pour un peu, il éclaterait en sanglots. Au début, il a cru que c'était une blague. Que son ex-ex-meilleur ami se moquait de lui. Il n'aurait pas dû accepter de le revoir. Mais la signature sur le tee-shirt qu'Igor lui a rapporté est la même que sur le poster du mur de sa chambre. Elle est authentique. « Pour Basile », qu'il est écrit sur le tissu, au feutre bleu.

– Comment t'as fait ?

REAL MADRID
RSENAL
ROMELHO
#8
ROMELHO
#8

Igor n'a pas envie de s'expliquer. Il veut rentrer chez lui. Tout de suite.

– Allez, Igor, raconte, s'il te plaît ! Comment t'as fait pour que Romelho signe mon tee-shirt ?

– J'ai demandé à ma tante qui divorce. Celle qui tient la boutique de sport.

Igor s'est rendu chez elle le lendemain du cambriolage. Il n'était pas certain qu'elle puisse l'aider. Mais un jour il l'avait entendue raconter qu'il lui arrivait d'être invitée par ses fournisseurs à des soirées où étaient présents les sportifs qu'ils sponsorisaient.

Sauf qu'elle n'y était jamais allée.

– C'est grâce à un de ses amis d'enfance que ça a été possible. Un vrai coup de chance. Elle s'est rappelé qu'il travaillait au stade où l'équipe de Romelho s'entraîne. Elle l'a appelé, lui a tout expliqué, et il a accepté qu'on lui envoie le tee-shirt par la poste pour le faire signer. Ma tante avait même prévu une grande enveloppe timbrée pour le retour. Et je l'ai reçue aujourd'hui. Voilà, maintenant faut que je file.

– Igor ?

– Quoi ?

– T'es le meilleur des meilleurs amis.

Igor n'ose pas ouvrir la porte de sa chambre.

Il a une boule à l'estomac. Un goût amer dans la bouche. Tout se joue maintenant. Si, en entrant, il découvre que sa plante a poussé depuis qu'il est allé remettre son tee-shirt à Basile, il n'y aura plus aucun doute. Igor sera obligé d'admettre que son comportement influence la croissance de sa plante.

Et sa sœur aura raison.

La joie qu'Igor a ressentie quand Basile a déballé son cadeau n'était pas feinte. Il était sincèrement heureux pour son ami. Il a agi avec son cœur.

Après une longue inspiration, Igor ouvre la porte.

Bouche bée, il n'ose pas s'avancer. Un frisson le fait se trémousser.

Même Gugusse semble subjugué par la plante qui s'exhibe à côté de son aquarium. Une plante de trente centimètres de haut, avec deux nouvelles feuilles parfaitement développées, deux fois plus grosses que les précédentes.

– Est-ce que je peux nourrir Gugusse ?

Igor sursaute au contact de sa sœur. Et sans rien lui demander en échange, il hoche la tête. Il est assailli d'un sentiment qu'il n'a jamais connu jusque-là. Une émotion où se mélangent la peur et l'exaltation.

Qu'est-ce qu'il va bien pouvoir faire pour qu'elle pousse encore plus ?

– J'ai peut-être une idée, lui dit Renée.

Renée, c'est la dame de la bibliothèque.

Avant aujourd'hui, Igor n'aurait jamais pensé qu'il irait la trouver pour se confier. Mais il avait des choses à révéler dont il n'était pas fier et pour lesquelles il n'avait pas envie que ses parents, sa famille ou son parrain le jugent.

Il avait beaucoup réfléchi depuis deux jours. Et il en avait conclu que plus son geste était important, plus sa plante poussait. Cela avait été clair après le repas de la veille quand il avait proposé à sa mère de faire la vaisselle. Elle avait l'air fatiguée et il voulait sincèrement qu'elle se repose.

Elle n'en avait pas cru ses oreilles : « Tu veux vraiment faire la vaisselle ? »

Elle avait même passé sa main sur le front de son fils pour voir s'il n'avait pas de fièvre.

Dix minutes plus tard, et de l'eau plein le carrelage au pied de l'évier, Igor avait constaté que sa plante avait poussé d'à peine deux millimètres. S'il voulait une fleur rapidement, il devait faire quelque chose de plus important.

– Si ton cousin adore les papillons, poursuit Renée, et si tu veux t'excuser pour ce que tu lui as fait, pourquoi tu ne lui organiserais pas une visite dans une serre où ils sont élevés en liberté ? J'en connais une à deux heures en voiture d'ici. Tu pourrais en parler à ses parents pour qu'ils lui fassent la surprise.

– Igor, descends ! J'ai Paul au téléphone, il voudrait te parler.

Igor retient son souffle. C'est aujourd'hui dimanche, cinq jours après son coup de fil à son oncle, que son cousin doit se rendre, sans le savoir, à la serre aux papillons.

Son oncle n'avait pas été facile à convaincre. Il trouvait que c'était une bonne idée mais que c'était loin de la maison. Igor avait dû insister : « Tonton, je suis sûr que ça va lui faire super plaisir. »

Igor jette un coup d'œil à sa plante avant de rejoindre sa mère au salon.

Nerveux, il récupère le combiné du téléphone.

– Allô ?

– Allô, Igor, c'est Paul ! Devine où je suis ?

– Devant la serre ?

– Non, pas devant, dedans, avec plein de papillons autour de moi. C'est super.

Igor est ému. La joie qui déborde de son cousin se répand jusqu'à lui. Il la ressent aussi. Soudain, une idée l'interpelle. Il quitte le salon et grimpe à l'étage tandis que son cousin l'interroge.

– C'est vrai que c'est toi qui en as parlé à mes parents ?

Igor est dans sa chambre. Sa plante a changé. Un bouton s'est formé au-dessus des feuilles.

– Oui, c'est moi, répond Igor, la voix tremblotante.

Et alors que son cousin le remercie chaudement, Igor voit le bouton de sa plante éclore sous ses yeux et donner naissance à une magnifique fleur jaune.

NICHOLSON
DIPLOME

9
Poupinou

– Qu'est-ce qu'elle est belle !

Éléna est impressionnée par l'éclat de la fleur. Jamais elle n'aurait cru qu'une graine aussi rabougrie développerait une fleur aussi magnifique.

– Et encore, tu ne l'as pas sentie !

Sur les conseils de son frère, Éléna ferme les yeux et inspire profondément. Un parfum délicat, subtilement sucré, lui chatouille les narines. Elle resterait des heures le nez dans les pétales.

– Tu peux nourrir Gugusse, si tu veux, j'ai pas eu le temps de m'en occuper aujourd'hui.

Éléna ne reconnaît pas son frère. Non seulement il ne lui réclame rien en échange, mais en plus c'est lui qui lui propose.

– J'attends qu'elle fasse un fruit, maintenant.

– T'es impatient de récupérer tes cadeaux ?

Igor hausse les sourcils. Il avait complètement oublié. Il n'en revient pas. Non, s'il attend le fruit, c'est par curiosité. Il se demande quelle forme il aura, quelle couleur, quelle taille. Ses cadeaux lui sont complètement sortis de la tête. Ça ne lui ressemble pas.

– Il faut du temps pour qu'un fruit se forme, lui dit Éléna.

– Oui. À moins que je fasse quelque chose d'exceptionnel.

– Comme quoi ?

Alors qu'Igor regarde sa sœur, l'annonce scotchée à la caisse de la boulangère qu'il a lue ce matin et qui commence par « À donner... » surgit de sa mémoire.

Il a besoin de l'accord de ses parents.

Sa mère refuse. Et son père tergiverse.

– Je vous assure, c'est elle qui nourrit Gugusse depuis que je l'ai. Si elle n'avait pas été là, il serait déjà mort. J'achète même les flocons qu'il mange avec son argent de poche. C'est pas moi qui les paie.

Igor insiste. Et insiste. Et insiste encore.

C'est la première fois qu'il s'obstine autant pour quelque chose qui ne le concerne pas lui-même. Et c'est cette attention inhabituelle pour sa sœur qui fait céder ses parents.

– D'accord. Mais tu la surveilleras. Elle est encore petite.

– Merci ! Merci, papa, merci, maman !

Igor embrasse ses parents avant d'entraîner sa mère à la voiture. Il n'y pas de temps à perdre. La boulangerie est encore ouverte à cette heure-là.

Éléna est inquiète.

Cette convocation au salon ne lui dit rien de bon. La dernière fois que ses parents lui ont organisé une réunion spéciale, c'était pour qu'elle réponde aux questions de M. Ducos, leur voisin, qui l'accusait d'avoir jeté une crotte de chien séchée dans sa boîte aux lettres. Elle avait nié, évidemment. Comment il avait fait pour la voir ? Cette fois-ci, elle n'a pas fait de bêtise. Enfin, aucune dont elle se souvienne.

Igor est assis dans le canapé entre son père et sa mère. Tous ont un air anxieux. Ça y est, papi est mort ! s'imagine Éléna.

– Tiens, c'est pour toi.

Éléna n'avait pas remarqué la boîte à chaussures, au couvercle troué, que lui tend son frère.

– C'est quoi ?

– Ben ouvre, si tu veux le savoir.

Éléna ne se sent pas bien. Ce n'est pas son anniversaire. Noël est dans six mois. Qu'est-ce qui se passe ?

– Allez, ouvre !

Il y a quelque chose qui bouge dans la boîte, quelque chose de vivant.

Un lapin ! Il y a un lapin dans la boîte !

– C'est pour moi ?

– Oui, c'est moi qui te l'offre, pour ta collection.

Igor se lève, fait la bise à sa sœur, puis file dans sa chambre.

– C'est le plus beau cadeau de toute ma vie ! qu'elle lui crie.

La plante a disparu !

À sa place traîne un post-it sur lequel sont écrits ces quelques mots : « Retrouve-moi à la remise. »

Igor ne comprend pas. Qui a pu lui voler sa plante ?

C'est vrai qu'il a entendu du bruit dans la remise pendant qu'il préparait la boîte à chaussures avec son père. Il a même cru que sa mère avait parlé à quelqu'un mais quand il lui a demandé, elle lui a dit qu'il avait dû rêver.

La porte de la remise est entrouverte.

Igor aperçoit la table de ping-pong dépliée.

Dessus, tous les cadeaux de son anniversaire sont alignés.

Igor entre dans la pièce.

À la même place que la dernière fois est assis son papi. Il tient sur ses genoux la plante d'Igor. Sa plante qui n'a plus de fleur mais un fruit rouge. Un fruit de la taille d'une quetsche, en forme de cœur retourné.

– Bonjour, Igor.

– Bonjour, papi. Qu'est-ce que tu fais avec ma plante ?

– Je viens te rendre tes cadeaux. Pourquoi ?

Igor ne répond pas tout de suite.

– Il se mange le fruit ?

Son papi sourit.

– Oui. Et je n'ai jamais rien goûté d'aussi délicieux.

Ses parents arrivent. Ils sont suivis de sa sœur qui tient fermement son lapin contre sa poitrine.

– Regarde, papi, c'est le lapin que m'a offert Igor. Je l'ai appelé « Poupinou ». Je ne savais pas que t'étais là.

Igor a la gorge sèche. La tête lui tourne. Il devrait être content de retrouver tous ses cadeaux. Il en a au moins pour une demi-heure à tous les déballer. Mais il a mal au cœur. Comme s'il était triste.

– Et si je veux garder le fruit ? Je peux ? À la place des cadeaux.

Ses parents et sa sœur se retournent vers lui les yeux écarquillés.

– Il est à toi. C'est toi qui l'as fait pousser. Si tu veux le manger, tu peux. Je ne te reprendrais pas tes cadeaux.

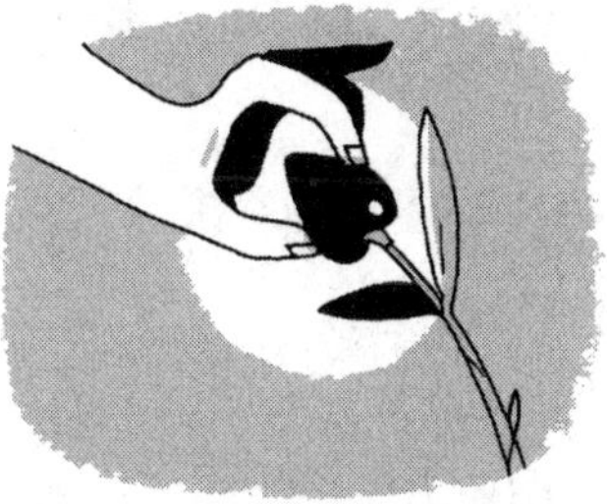

Igor s'avance vers son grand-père et cueille délicatement le fruit. Sans hésiter il le porte à sa bouche pour le croquer. Dès la première bouchée il soupire de satisfaction. Devant le regard avide de sa sœur, Igor lui tend le fruit pour qu'elle le goûte.

– Ne mange pas tout. Je voudrais en garder pour Lili.

Cette parole a jailli de sa bouche spontanément.

– Comment t'as su, papi, que le fruit était prêt ? demande Éléna, du jus sucré coulant le long de son menton.

– Parce que ta mère devait m'appeler quand la graine serait en fleur. Le fruit alors n'est pas loin.

Igor observe son papi qui le détaille à son tour. Il n'avait jamais remarqué auparavant que les yeux noirs du vieux bonhomme étaient si chaleureux.

– Je peux te poser une question, papi ?

– Deux, même, si tu veux.

– Elle était magique ta graine ?

Son grand-père lui fait un clin d'œil.

– Va savoir ! Certains racontent que cette graine se lie au cœur de celui qui la plante, et qu'elle vivrait ainsi d'eau fraîche et d'amour. C'est la seule raison qu'ils ont trouvée pour expliquer sa croissance irrégulière si inhabituelle. Moi, je ne sais pas. Tout ce que je peux te révéler, c'est qu'une fois que tu en as goûté le fruit, sa saveur ne te quitte jamais.

Igor sursaute. Il vient de réaliser seulement maintenant qu'il ne connaît pas le nom de cette plante. À aucun moment, ni lui ni aucune autre personne ne s'est posé la question.

Son papi lui fait signe de s'approcher. Sa voix est un murmure.

– On dit que c'est une « pousse-à-l'amour ».

Table

Achevé d'imprimer
en janvier 2010
par l'Imprimerie Floch à Mayenne
pour le compte des éditions
ACTES SUD
Le Méjan
Place Nina-Berberova
13200 Arles.

Dépôt légal
1re édition : février 2010
N° impr. : 75579
(Imprimé en France)